MELISSA LEE

BreedingUnicorns

KAWAII UP
YOUR LIFE

Community EDITIONS

INHALTSVERZEICHNIS

MEERJUNGFRAUEN SCHWANZ
Seite 4

Gang Jacke
Seite 12

KUCHEN OHRRINGE
Seite 22

LIGHT UP FLOWER CROWN
Seite 30

LIQUID BUBBLE TEA BOOK
Seite 38

Wolkenlampe
Seite 50

Mister Toast
Seite 56

KITTY COASTER Seite 66

Lemonade
Seite 76

Panda Buns
Seite 84

PASTEL MARSHMALLOWS
Seite 94

UNICORN BARK
Seite 102

3. FLEECE

Abhängig von deiner Körpergröße! Bitte vorher ausmessen!

INFO
Alle Vorlagen der DIYs findest du ganz hinten im Buch!

AN ALLES GEDACHT?

1 x STOFFSCHERE
1 x NÄHMASCHINE
1 x FLEECE (AUSGEMESSEN)
STECKNADELN

Schritt 1
Anzeichnen

Zuerst erstellst du anhand der Grafik hinten im Buch ein Schnittmuster, das deiner Größe entspricht.

Vergiss die Nahtzugabe nicht!

Packpapier oder Zeitungspapier sind eine günstige Alternative zu teurem Schnittmusterpapier.

Die Faulen unter euch können auch direkt auf dem Stoff anzeichnen.

*Ich würde sowas natürlich niemals tun...*hust*

Schritt 2
Schneiden

Lege zwei Stoffschichten übereinander, übertrage das Schnittmuster auf den Stoff und schneide aus!

STECKE NUN DIE EINZELNEN TEILE ZUSAMMEN.

SCHRITT 3 — STECKEN

Tipp: Die Stecknadeln bitte immer **im rechten Winkel zur Stoffkante** reinstecken! Man kann sie dann leichter an der Seite herausziehen und kommt näher mit dem Steppfuß heran.

SCHRITT 4 — DIE SEITENNÄHTE ZUSAMMENNÄHEN

SCHRITT 5
UMKLAPPEN

Klappe den Bund 2 cm nach innen und nähe ihn fest.

SCHRITT 6
EINSCHNEIDEN

Verschneide die Ecken der Flossenzipfel, sodass nur noch **3 mm übrig bleiben**. Damit kann man die Flosse einfacher auf die rechte Seite drehen. *(in Fachkreisen: „Verstürzen" genannt.)*

SCHNIPP

SO SHINY...

*かっこいい

🇯🇵 jap. „kakkoii" = cool

BLING BLING.jp

Badass GANG-JACKEN sind **DER NEUE SHIT!**

DIY EINHORN GANGweste

fresh

Was benötigst du?

1. Jacke oder Weste
2. Vliesofix
3. STOFFE
4. Papier- und Stoffschere
5. BÜGELEISEN

Optional: Eine Nähmaschine

so soft...

SCHRITT 6
CUT AND COOL

Nun das Stoffstück kurz abkühlen lassen und an der vorgezeichneten Linie entlang das Einhorn ausschneiden.

Hier darfst du auf jeden Fall etwas sorgfältiger schneiden!

SCHRITT 7
ABZIEHEN!

Jetzt ziehst du die Trägerfolie bitte behutsam ab.

SCHRITT 8
FAB FAB FAB!

Falls du es noch mehr fabulous machen möchtest, kannst du dir jetzt deinen Lieblingstüll schnappen und grob – und die gleiche Einhornform grob – ausschneiden.

be my おやぶん*て♥

🔴 *jap. „oyabun" = Boss

kawaii clothing

THE CAKE IS KAWAII

カラフル！*

FARBENFROHES ACCESSOIRE TRIFFT AUF SCHMACKHAFTE FORM.

NACH DIESEM DIY BITTE DEN ZUCKERSPIEGEL MESSEN!

 *jap. „karafuru" = colorful

KUCHEN OHRRINGE

DIESER KUCHEN MACHT GARANTIERT NICHT DICK, DAFÜR ABER GLÜCKLICH.

Take a bite!
(BESSER NICHT)

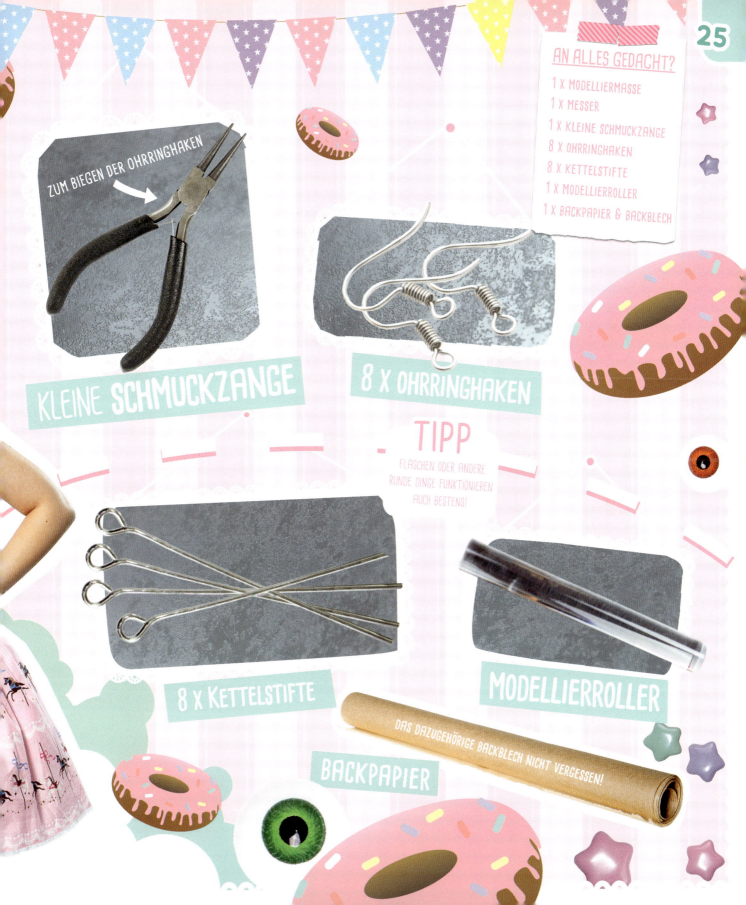

SCHRITT 1
ZUERST

schneidest du sechs gleich große Stücke aus der Modelliermasse. **Vergiss nicht, zwischendurch das Messer oder die Rasierklinge zu reinigen,** da sonst die einzelnen Farben verunreinigt werden könnten.

きをつけて！*

Bitte achte stets auf deine Hände beim Schneiden. Sonst ergeht es dir (k)noch wie mir! Haha. „(K)noch."

(Und da soll noch mal einer sagen, Tote hätten keinen Humor.)

so ist es perfekt!

*jap. „ki o tsukete" = Achtung!

*jap. „koro koro" = rollen

SCHRITT 2
FORMEN

コロコロ
コロコロ
コロコロ*

Jetzt formst du aus den Stücken jeweils kleine Bällchen. Fang mit der hellsten Farbe an. Wenn du merkst, dass deine Hände auf einmal grün oder rot sind, solltest du sie waschen.

DIE MODELLIERMASSE WIRD ANDERNFALLS EKLIG BRAUN UND DAS WOLLEN WIR NICHT. (AUSSERDEM: KEINER MAG BRAUN!)

ANSCHLIESSEND formst du aus den Bällen Scheiben. (Dabei die Abfolge unten beachten.) Am besten suchst du dir dafür eine saubere Fläche und drückst die Scheiben mit dem Handballen flach.

MIT DEN HANDBALLEN SCHÖN PLÄTTEN.

BRING'S IN FORM!

SO IST'S GUT.

SCHRITT 3 STAPELN

Alle Scheiben sollten gleich dick und breit sein. Wenn das geschafft ist, kannst du sie aufeinander stapeln.

HOCHSTAPLER AUFGEPASST!

Falls der Rand noch uneben sein sollte, rolle den Regenbogenklops einfach seitlich über eine glatte Oberfläche.

SCHRITT 4 UMHÜLLEN

1 Jetzt holst du ein großes Stück **weiße Modelliermasse**. **Aber Achtung:** Weiße Modelliermasse ist eine Diva. Deswegen sollten sowohl die Oberfläche als auch deine Hände fusselfrei und sauber sein!

2 **Knete das Stück** nun weich und rolle es danach dünn aus. (Modellierroller!)

3 **Nun umhüllst** du den Regenbogenklops mit der weißen Modelliermasse. *(Ja, das ist schwierig – und ja, man darf dabei fluchen und Leute in der Nähe beschimpfen.)*

TIPP: Schaue dir Tutorials an, die zeigen, wie Leute Kuchen mit Fondant überziehen.

TIPP: Du kannst ein kleines Stück abzupfen und damit testen, ob der Tisch und deine Hände wirklich sauber sind!

4 Am Boden klappst du einfach den weißen Rest nach innen. Falls es nicht mehr reicht, kannst du einen kleinen Kreis aus der restlichen Modelliermasse formen und ihn fest andrücken.

SCHRITT 5
ANSCHNEIDEN

8 GLEICHE GROSSE STÜCKE!
Bitte VOR dem Backen verzieren.

SCHRITT 6
PLUG IN BABY!

Stecke jeweils einen Kettelstift in einzelne Kuchenstücke.

SCHRITT 7
OFENZEIT

Die Kuchenstücke platzierst du auf einem mit Backpapier ausgelegtem Backblech und schiebst es in den Ofen. Backzeiten stehen auf der Verpackung, aber denen sollte man nur bedingt trauen!

(Schau deshalb ab und zu mal, was die Kuchenstücke so machen.)

SCHRITT 8
MACH LACK!

Gentlemen.

Die Kuchenstücke abkühlen lassen und je nach Bedarf lackieren und Ohrringhalter, Ketten oder was auch immer ihr möchtet, dranhängen. Fertig!

MIT DIESER KRONE BIST DU NIEMALS DAS MAUERBLÜMCHEN

Leuchtet im Dunkeln und welkt nicht.
Zwei Dinge, die du nicht kannst!

(Ausser du lebst an einem Atommeiler.)

5. HEISSKLEBEPISTOLE
+ DIE DAZUGEHÖRIGEN HEISSKLEBESTIFTE

4. LED-LICHTERKETTE

Tipp: Wenn ich eine Sache an Weihnachten gelernt habe, dann: Immer schön die Funktionalität von Lichterketten checken. **Ganz wichtig:** Vor dem Einsatz prüfen!

3. PLASTIKBLUMEN

IN QUASI JEDEM SUPERMARKT ODER ONLINESHOP ERHÄLTLICH

AN ALLES GEDACHT?
1 x SATINBAND
1 x HAARREIF
1 x BUND PLASTIKBLUMEN
1 x LED-LICHTERKETTE
1 x HEISSKLEBEPISTOLE
(SAMT HEISSKLEBESTIFTE)

*jap. „kirei!" = schön!

SCHRITT 1
UMWICKELN

Als Erstes umwickelst du den Haarreif mit Satinband. Heißkleber hilft dir beim Fixieren.

SCHRITT 2
BATTERIEPACK VERSTECKEN

Klebe das Batteriepack der Lichterkette an den Haarreif. Es sollte nicht direkt in der Mitte sein, sondern eher seitlich.

Achtung: Klebe es so fest, dass du noch die Batterien wechseln kannst!

SCHRITT 3
AB MIT DEM KOPF!

Als nächstes köpfst du die größte der Kunstblumen und klebst sie an das Batteriepack, um es von vorne zu verdecken.

SCHRITT 4
BE CREATIVE!

Ab jetzt ist alles deiner Kreativität überlassen: Ordne die Blumen an, wie es dir gefällt!

Alle möglichen Gegenstände sind natürlich auch willkommen! Ausgestopfte Küken, Zähne, alte Weihnachtsdeko...

SCHRITT 5
ABDECKEN

Schneide ein großes Blatt oder mehrere kleine Blätter ab und verdecke damit von hinten das Batteriepack.

Pass auf, dass du es nicht zuklebst!

SCHRITT 6
DRAHTSEILAKT

Wickel das überschüssige Kabel zusammen und fixier es mit einem Stück Draht.

すばらしいです！*

SCHRITT 7
DIE SCHÖNSTE MACHT DAS LICHT AN

Mach die Lichterkette an und klebe sie mit dem Heißkleber unauffällig zwischen die Blumen. Am besten arbeitest du von einer Seite zur anderen.

*jap. „subarashii desu!" = großartig!

DO IT YOURSELF

LIQUID BUBBLE-TEA BOOK

Von wegen nicht mehr trendy!

Wenns mit dem Abschlussball nichts wird – mit diesen Bällchen kannst du immer spielen!

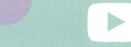

Auch als Video verfügbar!
youtube.com/breedingunicorns

SCHRITT 4
VORZEICHNEN

Zeichne auf der Innenseite deines Deckblatts die Vorlage an und schneide sie anschließend aus. (Bild rechts unten.)

SCHRITT 5
KLARE SICHT!

Lege die Klarsichthülle auf das Deckblatt und zeichne grob um deine ausgeschnittene Bubble-Tea-Form herum.

Schneide die Hülle anschliessend in Form!

SCHRITT 6
PAPIERE, BITTE!

Hol dir ein Stück Backpapier und Falte es in der Mitte.

Zeichne dir zur Orientierung einen Strich an, der 1 cm vom Falz entfernt ist. *(Von der Kante, an der das Papier geknickt wurde.)*

URBI ET ORBEEZ!
Wen darf ich als Nächstes mit meinen Flachwitzen segnen?

SCHRITT 7
AUFGEHEIZTE STIMMUNG

Lege die offenen Seiten der Hülle ins auseinander gefaltete Backpapier.

Heize dein Glätteisen auf höchste Stufe auf. (Vorsicht: wenn es zu heiß wird, neigt es zu Größenwahn!)

ACHTUNG: GRIMMIGES GLÄTTEISEN!

SCHRITT 8
LET'S MELT!

Umhülle die Klarsichthülle mit dem Backpapier.

FAUCH

Schweiße die beiden Seiten der Klarsichthülle im Backpapier mit dem Glätteisen zusammen.

Kurz abkühlen lassen und dann das Backpapier öffnen.

Achtung! Es geht schneller, als man denkt. 2–3 Sek. reichen meistens schon!

SCHRITT 9
ES KOMMT ZUSAMMEN, WAS ZUSAMMENGEHÖRT.

Schweiße die gesamte Hülle zu – bis auf eine 2 cm breite Öffnung.

Sei dabei bitte gründlich, sonst gibt es einen Unfall.

(Dieser wird blau sein und ölig – und sich wohlmöglich in deiner Tasche ereignen.)

SCHRITT 10
PIEKST NUR KURZ!

Färbe etwas Wasser (ca. 100 ml) blau ein und ziehe es mit einer Dosierspritze auf.

VORSICHTIG ZIEHEN!

YIKES!

Führe die Spritze in die Öffnung deiner Klarsichthülle ein und spritze das Wasser hinein.

SCHRITT 11
GLITSCHIGE ANGELEGENHEIT

Nimm deine Wasserperlen und verteile sie zunächst mal in deiner Wohnung, weil sie so schön glitschig sind. Die restlichen Perlen stopfst du in die Klarsichthülle.

SCHRITT 12
AUFZIEHEN, LOS!

Wasche deine Spritze aus, ziehe dann etwas Babyöl auf (Milliliterzahl nach Gefühl) und spritze es in die Hülle.

SEND MOODS!
Du hast mein DIY nachgebastelt? Zeig es mir! Unter dem Hashtag
#KAWAIIUP

SCHRITT 13
ZUSCHWEISSEN

Schweiße vorsichtig die kleine Öffnung der Hülle mit dem Glätteisen zu.

SCHRITT 14
KLEBEN

Klebe die Hülle mit Heißkleber auf die Rückseite des Deckblatts deines Notizbuchs.

PERFEKT!

UND FERTIG!

Drück auf deinem Notizbuch herum und schreib deine schönsten Erlebnisse rein!

(Aber nicht zu doll drücken, du störst sonst noch den Unterricht!)

WOLKIG
MIT AUSSICHT AUF
FLAUSCH

DIY Wolkenlampen

DEINE MATERIALIEN

1. HOCHFLAUSCHIGE **FÜLLWATTE** (WICHTIG: Keine Perlenfaser!)

2. Einen runden oder ovalen **PAPIERLAMPENSCHIRM**

3. **LED-LICHTERKETTE**

4. **HEISSKLEBEPISTOLE** mit Klebestiften

HI!

SCHRITT 1
VORHEIZEN

Als Erstes baust du deinen Lampenschirm auf und heizt die Heißklebepistole auf. Vergewissere dich, dass du genug Klebestifte im Haus hast. **Du wirst sie brauchen.**

SCHRITT 2
ZUPFEN

Pack die flauschige Füllwatte aus und zupf ein großes Stück ab. Stell dich auf einen kleinen Kampf ein. Sie kann manchmal etwas widerspenstig sein.

SCHRITT 3
KLEBEN

Hol jetzt die Heißklebepistole und gib großzügig Kleber auf den Lampenschirm. Die Fläche, die beklebt wird, sollte nicht zu groß sein, da sonst der Kleber zu schnell härtet.

SCHRITT 4
FEEL THE FLUFF

Nimm ein mittelgroßes Stück Watte und klebe es auf den Lampenschirm. Pass auf deine Finger auf. Heißkleber ist … nun ja … heiß.

SCHRITT 5
DURCHZIEHEN

Danach ziehst du deine Lichterkette durch den unteren Bügel des Lampenschirms.

Diesen Vorgang wiederholst du so lange, bis der ganze Lampenschirm komplett mit Watte beklebt ist.

SCHRITT 6
BATTERIE VERSTECKEN

Das Batteriepack der Lichterkette versteckst du im Inneren. Falls der Schirm so klein ist, dass es rausfallen könnte, befestige das Pack mit etwas Heißkleber.

Achtung: Klebe es so fest, dass du die Batterien noch wechseln kannst!

*jap. „fuwa fuwa" = weich

SCHRITT 7
RAIN RAIN RAIN

Nun nimmst du dir einzelne Stränge der Lichterkette und klebst sie am unteren Drittel der Lampe fest. Es sollte so aussehen, als würde es regnen.

SCHRITT 8
GANZ VIEL LIEBE

Als letzten Schritt solltest du den Schirm kurz mit viel Liebe umarmen und seine Flauschigkeit spüren. **Fertig!**

>ω<

SEND MOODS!
Du hast mein DIY nachgebastelt? Zeig es mir! Unter dem Hashtag
#KAWAIIUP

DO IT YOURSELF
MR. TOAST

> Hey! Lass uns Freunde werden. Ja?

Du hast einen Freund, der traurig ist oder sauer auf dich? **Kein Problem!** Mr. Toast zaubert ihm ein Lächeln ins Gesicht.

(Ob er nun möchte oder nicht.)

Ich will geboren werden! Wann legen wir los?

WARNUNG
Herstellen von Mr. Toast auf eigene Gefahr.

DO IT YOURSELF
MR. TOAST チェック!*

MATERIALIENCHECK!

DIESE MATERIALIEN BRAUCHST DU

Achtung! Solltest du keine Nähmaschine im Haus haben, kannst du dich an Freunde wenden, die zufällig eine Ausbildung zum Modedesigner machen, oder du gehst zu deiner Großmutter.

Jede Großmutter hat immer irgendwo Nähzeug versteckt! Fragen kostet nichts!

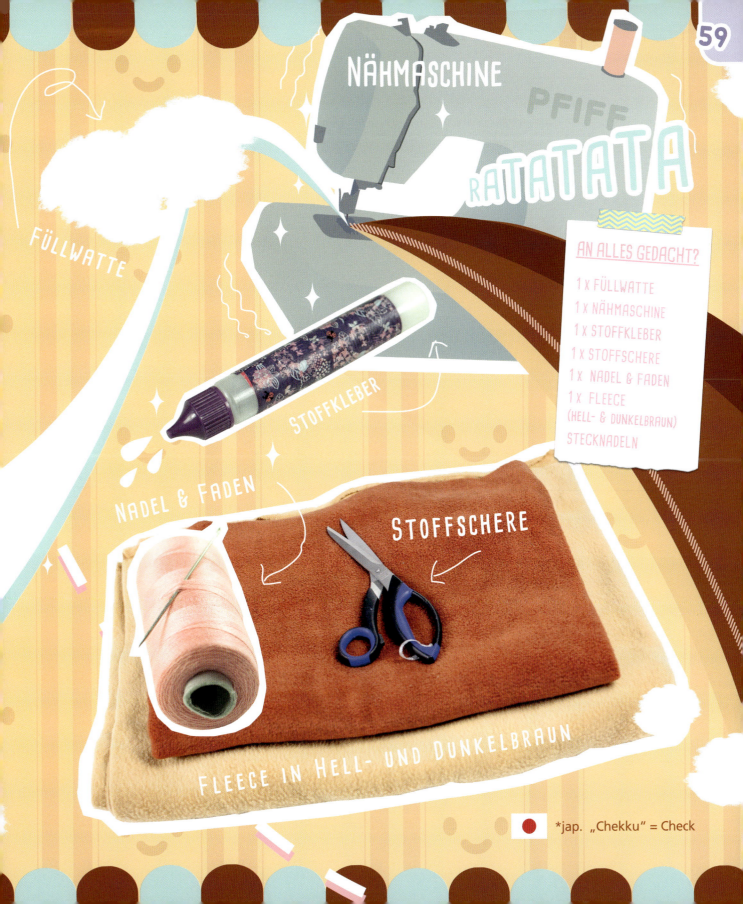

SCHRITT 1

Als Erstes skalierst du die Vorlage auf die gewünschte Größe.

Info: Die Vorlagen zu den DIYs findest du auf den letzten drei Seiten.

SCHRITT 2
SCHICHTEN

Lege zwei Stoffschichten übereinander und positioniere das Schnittmuster drauf.

Zeichne um die Konturen herum und schneide es aus.

SCHRITT 3
EINE FRAGE DER DEFINITION!

Miss dein ausgeschnittenes Teil einmal rundherum ab, addiere 5 cm für die Länge dazu (diese brauchen wir nachher zum Umklappen) und schneide es aus. Entscheide selbst wie dick dein Toastbrot werden soll. Für meinen Toast habe ich 7 cm Breite genommen.

Tipp: Stecknadeln immer im rechten Winkel zur Stoffkante/Naht reinstecken! Man kann sie dann leichter an der Seite herausziehen und kommt näher mit dem Steppfuß heran.

SCHRITT 4
STECKEN

Steck den langen Streifen rundherum mit Stecknadeln fest. Fange an einer Stelle an, die man nicht sieht, wie beispielsweise am Toastboden.

SCHRITT 5
KLAPPEN

> BALD IST MEINE ZEIT GEKOMMEN!
> (Oder deine!)

Klappe die beiden Endstücke des dunkelbraunen Fleecestücks jeweils ca. 2 cm zurück.

SCHRITT 6
NÄHEN!

Auf zur Nähmaschine! Fang an einem der zurückgeklappten Stoffstücke an, vergiss nicht zu verriegeln (3 Stiche zurück, 3 Stiche vor) und nähe einmal um den Toast herum.

SCHRITT 7
VERRIEGELN

Wenn Du einmal um den Toast herum genäht hast, klappe am Ende den Reststoff ca. 2 cm um und verriegel.

SCHRITT 9
NICHTS ÜBERSTÜRZEN

Verstürze dein Toastbrot, bzw. krempel es von innen nach außen.

HIER KOMMEN DIE FLAUSCHIS REIN!

Damit es auch schön flauschig wird, stopfst du den noch leeren Mr. Toast jetzt mit viel Liebe und Füllwatte voll.

SCHRITT 10
ZUNÄHEN

FAUCH

Wichtig! Achte beim Nähen immer darauf, dass du deine Finger auch anständig schützt. Gerade bei Anfängern kann das Nähen ohne Fingerhut schmzerhafte Erfahrungen nach sich ziehen!

FAUCH

DO IT YOURSELF

KittyCoaster

AUCH FÜR MENSCHEN MIT KATZENHAARALLERGIE!

Wo ein Wille, da auch ein Shake.

Der Kitty Coaster (engl. Kätzchen Untersetzer) ist deine Antwort auf schlecht gestaltetes Partyutensil.

Ob auf einer Geburtstagsfeier oder beim romantischen Dinner zu zweit – der Kitty Coaster macht jede Situation einzigartig.

69

AN ALLES GEDACHT?

1 x FÜLLWATTE
1 x STOFFSCHERE
1 x NADEL & FADEN
1 x VLIESELINE
1 x FILZ
1 x STOFFKLEBER

FÜLLWATTE
(Normale Watte tut's in dem Fall auch)

STOFFSCHERE

NADEL & FADEN

FILZ

VLIESLINE

ACHTUNG: Pro Kitty Coaster benötigst Du jeweils 2 Kopf- und Körperteile.

SCHRITT 1
PAUSEN

Pause die Schnittmuster von der letzten Seite ab und schneide sie aus.

SCHRITT 2
SCHNEIDEN

Lege die Schnittmuster auf die Vlieseline, zeichne sie an und schneide die Muster grob aus.

SCHRITT 3
DAMPF AB!

Bügel die Vlieseline auf den rosa Filz auf. Viel Druck und wenig Dampf funktionieren am besten!

SCHRITT 4
AUSSCHNEIDEN

Lass den Filz abkühlen und schneide die einzelnen Teile aus.

Tipp: Bei Rundungen sollte man immer das Schnittteil und nicht die Schere drehen!

SCHRITT 5

Fädel die Nadel ein, indem du die 2 Enden des Fadens nimmst und sie beide durch das Öhr steckst.

Nun holst du dir einen Katzenkopf und stichst am spitzen Ende des Dreiecks ein (siehe Vorlagenseite).

SCHRITT 6
DURCHZIEHEN

Mit dieser Technik sparst du dir lästige Knoten.

Zieh den Faden bis kurz vor das Ende durch und fädel die Nadel durch die entstandene Schlaufe.

SCHRITT 9
KATZENKÖPF VEREINIGUNG

Nähe jeweils zwei Katzenköpfe zusammen und lasse eine kleine Öffnung unten. Das Ganze funktioniert im Übrigen viel besser, wenn du dich wie Doktor Frankenstein fühlst und draußen ein Gewitter tobt.

SCHRITT 10
STOPFEN

Stopfe jetzt den Kopf mit Füllwatte aus und nähe ihn zu.

"SÜNDE HAT KEINEN AGGREGAT-ZUSTAND."

DO IT YOURSELF

DEINE ZUTATEN

TIPP: Einen Sparschäler im Haus zu haben ist von Vorteil!

ROSA ZUCKERWATTE

5 ZITRONEN sowie 2 LIMETTEN

4 EL CRANBERRYSAFT

1/2 TASSE ZUCKER

1/2 TL SALZ

AN ALLES GEDACHT?

- 1 x ROSA ZUCKERWATTE
- 1/2 TL SALZ
- 5 x ZITRONEN
- 2 x LIMETTEN
- 1/2 TASSE ZUCKER
- 4 EL CRANBERRYSAFT

SCHRITT 4

Presse als Nächstes die Zitrusfrüchte aus! Gewalt ist in diesem Fall eine echte Lösung!

(ODER BEHANDLE SIE GANZ SOFT – JE NACHDEM, AUF WAS DEINE FRÜCHTE SO STEHEN.)

TIPP: Rolle die Früchte vorher mit etwas Druck auf einer Tischplatte hin und her! So wird die Schale weicher und das Auspressen ist leichter.

SCHRITT 5

Nun befüllst du ein großes Gefäß (z.B. eine Karaffe) mit 600 ml Wasser, deinem schwer erkämpften Zitronen- und Limettensaft, dem Salz und deinem Sirup.

SCHRITT 6

Einmal gut umrühren und dann löffelweise den Cranberrysaft hinzugeben, bis der gewünschte Rosaton erreicht ist.

UND FERTIG!

SO GUT KANN SÜNDE SCHMECKEN.

Serviere deine Limonade mit Eiswürfeln, einer Zitronenscheibe und einer großen Wolke aus rosa Zuckerwatteflausch für etwas Extrasüße! Oder lass es deine Gäste selber machen und sieh zu, wie alle ihre klebrigen Finger ablecken!

SEND MOODS!
Du hast mein DIY nachgebastelt? Zeig es mir! Unter dem Hashtag
#KAWAIIUP

DO IT YOURSELF

PANDA BUNS

Endlich! Pandas verspeisen, ohne dafür erschossen zu werden!

Bei diesem DIY sind keine Pandas zu Schaden gekommen.

PAN HIER

In diesem DIY zeige ich euch, wie man ganz einfach köstliche Hefebrötchen im Pandy-Style selber macht.

Vom Aussterben bedroht ist dabei lediglich euer Hungergefühl.

PAN DA

PANDA BUNS
DO IT YOURSELF

WAS WIRD BENÖTIGT?

Tipp: Vanillezucker kann man ganz leicht selbst machen! Einfach 2 ausgekratzte Vanilleschoten und Zucker in ein verschließbares Glas geben, 2 Wochen warten, fertig! Die Schoten geben über mehrere Monate Aroma ab. Daher ist nachfüllen erwünscht!

Anbei die Zutatenliste
(AUSREICHEND FÜR DREI PANDAS!)

- 160 g Brotmehl
- 1 TL Trockenhefe
- 2 EL Vanillezucker
- 1 EL Milch
- 85 ml Wasser
- 20 g weiche Butter
- 1–2 TL Backkakao
- Eine Prise Salz

SCHRITT 1
MISCHEN POSSIBLE!

Hol dir eine kleine Schüssel und gebe die Trockenhefe in 85 ml lauwarmes Wasser.

IMMER SCHÖN RÜHREN! SO IST'S GUT!

SCHRITT 2
AUFWECKEN!

In einer **zweiten großen Schüssel** mischst du **80 g Mehl** mit dem **Vanillezucker** und der **Milch.** Gib die **Hefe** dazu und verrühre alles mit einem Holzlöffel, bis eine homogene Masse entsteht. <u>**Sei dabei nicht faul!**</u> Die Hefe muss langsam „aufgeweckt" werden – wie ich an einem Sonntagmorgen.

SCHRITT 3
SALZ & BUTTER

Sind Witze über Pandas eigentlich „PUN"da-Witze? Ehehehehe.

Füge eine Prise Salz, die weiche Butter und das restliche Mehl hinzu. **Alles gut vermischen!**

BESTÄUBE DIE ARBEITSPLATTE VORHER MIT MEHL!

NICHT LOCKER LASSEN!
Knete den Teig so lange, bis deine Arme müde sind und er nicht mehr an den Händen klebt.

FORME AUS 1/4 DES TEIGS EINE KLEINE KUGEL.

SCHRITT 4
FORM UND FUNKTION

KLEINER TEIGKLOPS 1/4

GROSSER TEIGKLOPS 3/4

VERGISS NICHT, DEN RESTTEIG VON DEN SCHÜSSELSEITEN ABZUKRATZEN!

SCHRITT 5
MISCHEN MISCHEN MISCHEN

DRÜCKE DIE KLEINE KUGEL FLACH, GEBE DEN KAKAO DRAUF, KNETE DEN TEIG SO LANGE, BIS DER GEWÜNSCHTE BRAUNTON ERREICHT IST.

SCHRITT 6
ENTSPANNEN!

Forme aus den Teigklöpsen zwei Kugeln und lege sie in eine Schüssel.

30 Min.

Decke sie anschließend mit Frischhaltefolie zu und stelle sie an einen warmen Ort. Die müssen sich jetzt – wie du – vom Knetsport entspannen und mindestens 30 Min. dort bleiben!

SCHRITT 7
VORHEIZEN

Heize deinen Ofen **auf 160 °C** vor (Ober- u. Unterhitze) und lege ein Backblech mit Backpapier aus.

Statt Backpapier kannst du dir auch eine Ofensilikonmatte kaufen. Die ist sogar wiederverwendbar!

SCHRITT 8
punch!
CRITICAL HIT!

Hol deine Teigkugeln und knete die ganze Luft aus ihnen heraus. Es ist Zeit, all deinen aufgestauten Aggressionen freien Lauf zu lassen! **Punch!**

がんばって！*

SCHRITT 9
DREIKLOPSIGKEIT

Teile die 2 Teigkugeln jeweils gleichmäßig in **3 Portionen** auf!

SCHRITT 10
ASSEMBLE!

Für die Pandas fertigst du **eine große und eine kleine Kugel** aus den weißen Teigkugeln. Aus den **braunen Teigkugeln** formst du jeweils **Ohren, Arme, Beine** und das **Gesicht**. Drücke alles fest aneinander, damit es nachher keine Panda-Invaliden gibt.

KÖPFCHEN   BÄUCHLEIN

ÖHRCHEN

PANDAS!

*jap „ganbatte" = gib alles!

SCHRITT 11
OFENZEIT!

🕐 17 Min.

Die Panda Buns kommen jetzt für ca. **15–17 Minuten** in den Ofen.

TIPP: Wenn du nach 10 Min. merkst, dass die Buns zu braun werden, kannst du die Pandas einfach mit einem Stück Alufolie abdecken.

RAUSHOLEN!

DO IT YOURSELF

PASTEL MARSH-MALLOWS

Du willst Marshmallows? Pastel Marshmallows? Pastel Marshmallows die aussehen, wie süße Kawaii-Klöpse?

Say no more.

Auch als Video verfügbar!
youtube.com/yumtamtam

DO IT YOURSELF
PASTEL MARSH-MALLOWS

いきましょう！*
Los geht's!

*jap. „Ikimashô!"

Welche Zutaten brauchst du?

310 g gesiebter Puderzucker
2 EL Speisestärke
1 TL geschmacksneutrales Öl
18 g gemahlene Gelatine
1 Prise Salz
1 EL Vanillezucker
180 ml Wasser
Lebensmittelfarbe in rosa und lila

MHEW!

SALZ
MEHL
ÖL
VANILLEZUCKER
SPEISESTÄRKE
GEMAHLENE GELATINE

SCHRITT 1
ALS ERSTES...

...siebst du 1 EL Puderzucker und 2 EL Speisestärke in eine Schüssel.

SCHRITT 2
PINSELN

Hol eine mittelgroße Auflaufform und pinsel sie dünn mit Öl ein. **Nicht den Rand vergessen!**

SCHRITT 3

Damit später die Marshmallows nicht festkleben, siebst du nun die Stärkemischung in die Auflaufform. Den Rest kannst du entsorgen.

SCHRITT 4

Nun geht's an die Marshmallow-Masse!

Gieße 180 ml Wasser in einen kleinen Topf, füge die Gelatine, eine Prise Salz und 1 EL Vanillezucker hinzu.

Diese Mischung lässt du 5 Min. quellen.

Die Zutaten müssen sich schließlich erstmal kennenlernen!

5 Min.

MHEW?

SCHRITT 5
KOCHEN

Jetzt kannst du die Masse leicht erhitzen, bis sich die Gelatine aufgelöst hat.

Achtung: **Es darf nicht kochen!**

SCHRITT 6
PUDERN!

Währenddessen kannst du den restlichen Puderzucker in eine große Schüssel sieben.

SCHRITT 7
GIB IHM!

Nimm die Flüssigkeit vom Herd und gib sie unter Rühren zum Puderzucker.

Mhew. Mhew. Mhew.
Mhew. Mhew. Mhew.
Mhew. Mhew. Mhew.
Mhew. Mhew. Mhew.

MHEW.*

SCHRITT 8
DO THE FLUFF
🕐 5 Min.

Schlage die Masse **5 Min.** mit dem Handrührgerät auf. Keine Sekunde weniger! Wir wollen schließlich epische Fluffigkeit!

MHEW. MHEW!*

Lasst meine schlechten Witze bloß nicht auf euch „abfärben". Haha!

SCHRITT 9
TEILE UND FÄRBE

Teile nun die Masse in **3 Teile** auf. Einen Teil lässt du **weiß**, einen färbst du **rosa** und einen **lila**.

Sei vorsichtig mit der Speisefarbe! 2–3 Tropfen reichen meistens.

KAWAIIKLOPS SPRACH-ENZYKLOPÄDIE

MHEW.* = Wiederholt bitte, Kinder!

MHEW. MHEW!* = Kann bitte jemand diesen Knochenkopf zum Schweigen bringen?

SCHRITT 10
VERTEILEN

Jetzt kommt der spaßige Teil. Verteile die Masse in kleinen Portionen in der Form.

NICHT NACHDENKEN!
Mach eine Sauerei und sei gespannt, was dabei rauskommt!

SCHRITT 11
GLATT ZIEHEN. FAST FERTIG!

Ziehe alles mit einem Teigschaber glatt und decke die Form mit Klarsichtfolie ab.

MHEW.*

KAWAIIKLOPS SPRACH-ENZYKLOPÄDIE

MHEW.* = Schau, Sohn, eine echte Legende am Werk.

SCHRITT 12
KOMMT ZEIT

Deine Marshmallows brauchen jetzt mal eine kurze Pause nach dem ganzen Stress.

Lass sie mindestens 4 Std. gehen!

KOMMT FLUFF!

NICHT VERGESSEN!

Dekoriere die Masse, **NACHDEM** du sie 4 Stunden hast ruhen lassen.

SCHRITT 13
DEKORIEREN!

Z.B. mit Zuckersternen, Streuseln oder essbarem Glitzer.

Nach dem Aushärten kannst du die Masse in Stücke schneiden oder Marshmallows ausstechen.

Tipp: Bestreiche dein Messer mit Stärke, um lästige Klebereien zu vermeiden!

FERTIG!

SEND MOODS!

Du hast mein DIY nachgebastelt? Zeig es mir! Unter dem Hashtag

#KAWAIIUP

DO IT YOURSELF

Magic Unicorn Chocolate

DIESE SCHOKOLADE VERGISST
DU NIE WIEDER.

*Die Zubereitung dieses zauberhaften
Gaumenschmauses ist ein wohlkgehütetes
Einhorn-Küchen-Geheim-Geheimnis!*

SCHRITT 1
HACK ATTACK!

Zuerst hackst du die Schokolade klein.

SCHRITT 2
WASSERBAD!

Bereite ein Wasserbad auf dem Herd vor. Stelle sicher, dass deine Schüssel hitzeresistent ist. Das Wasser im Topf darf die Schüssel nicht berühren. Der Dampf reicht!

SCHRITT 3
HINEIN DAMIT!

Weiße Schokolade denkt, sie wäre etwas Besonderes. Deswegen darf sie nicht mit Wasser in Berührung kommen und auf keinen Fall zu hoch erhitzt werden.

Richtwerte hier sind: **40–45 °C** zum Schmelzen und **28–29 °C** zum Erwärmen. Alles andere endet im Mülleimer…

Ist natürlich nur einem Freund von mir passiert…

SCHRITT 4
BUNT MACHEN!

1. Wenn die Schokolade flüssig ist, lässt du 2/3 im Topf.

2. 1/3 verteilst du auf 3 Schüsseln.
Färbe die Schokolade in deinen Lieblingsfarben ein.

UND JETZT: **ORDENTLICH RÜHREN!**

3. Füge so viel Lebensmittelfarbe hinzu und mische so lange, bis die Schokoladenmasse die richtige Farbintensität hat!

SCHRITT 5
VERTEILEN

Nun legst du eine kleine Auflaufform mit Backpapier aus und gießt die restliche ungefärbte Schokolade in die Form.

Tipp: Schüttel die Form etwas, damit die Schokolade sich noch besser verteilt. Vielleicht wird der Schokolade etwas übel davon, aber später wird sie uns danken (siehe unten)!

ANSCHLIESSEND:

ziehst du alles mit einem Teigschaber schön glatt.

1. GLEICHMÄSSIG HIN UND HER!

2. シャカ シャカ シャカ*

*jap. „shaka shaka" = **rütteln**

SCHRITT 6
KLECKSEN

Anschließend verteilst du überall kleine bunte Kleckse.

SCHRITT 7
UND ZIEHEN!

Zeit, kreativ zu werden!
Hol dir ein Stäbchen und ziehe ein Muster in die Schokolade. Hab Vertrauen in dich. Egal, was passiert, es wird schön werden.

SEND MOODS!
Du hast mein DIY nachgebastelt? Zeig es mir! Unter dem Hashtag
#KAWAIIUP

SCHRITT 8 DEKORIEREN!

DER LANG ERSEHNTE MOMENT IST DA!

Stell dir vor, du wärst eine Elfe, und wirf Zucker-Dekoration auf dein Schokoladenkunstwerk. Selbst wenn du ein 160 kg wiegender Metaldude bist. TU ES! **Ausreden werden nicht akzeptiert!**

Wenn du dich ausgetobt hast, kommt deine Schokolade für **mindestens 1 Std.** in den Tiefkühler.

Achtung! Pass auf, dass sie schön gerade steht!

UND FERTIG!

Hol Bae aus dem Tiefkühler und zerteile das Kunstwerk random in Stücke.

Verfüttere es an traurige Menschen und beobachte, wie sie sich in ein Einhorn verwandeln. **Fertig!**

MR.T😊AST

EINHORN GANG weste

KÖRPER

x2

x2 AUGE

x1

MUND

BREITE UND HÖHE VARIIEREN JE NACH DEINEN VORSTELLUGEN

KAWAII UP YOUR LIFE — VORLAGEN

MEERJUNG FRAUEN SCHWANZ

DIE HÄLFTE DES HÜFTUMFANGES

DIE HÄLFTE DER KÖRPERGRÖSSE
(VOM FUSS BIS ZUR TAILLIE)

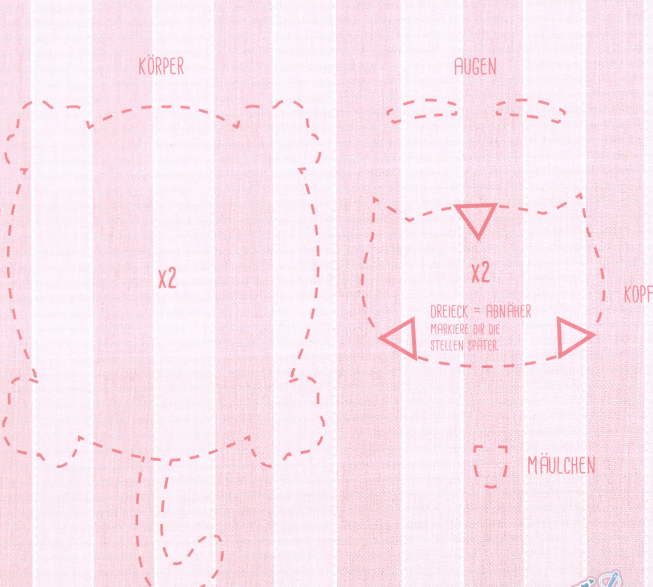

BreedingUnicorns Kawaii Up Your Life

© 2017 Community Editions GmbH
Reinoldstraße 6
50676 Köln

Alle Rechte der Verbreitung, auch durch Film, Funk, Fernsehen, fotomechanische Wiedergabe, Tonträger aller Art, auszugsweisen Nachdruck oder Einspeicherung und Rückgewinnung in Datenverarbeitungsanlagen aller Art, sind vorbehalten.

Die Inhalte dieses Buches sind von Autoren und Verlag sorgfältig erwogen und geprüft, dennoch kann eine Garantie nicht übernommen werden. Eine Haftung von Autoren und Verlag für Personen-, Sach- und Vermögensschäden ist ausgeschlossen.

Texte: Melissa Lee
Layout, Design, Illustrationen, Satz: Florian Balke
Lektorat: All you can read – Kreativ-Agentur Anke Hennek

Fotos: © RobertPaulKothe

Gesamtherstellung:
Community Editions GmbH

ISBN 978-3-96096-019-5
Printed in Poland

www.community-editions.de